Hospice des Petits-Ménages : M. Quinquaud

CONSIDÉRATIONS

sur

L'ANGINE PSEUDO-MEMBRANEUSE

DANS LA FIÈVRE TYPHOÏDE

Par M. Lejard, interne des hopitaux

Dans le cours, et plus rarement au début de la fièvre typhoïde, on peut voir parfois survenir des angines, qui, par l'intensité de leurs manifestations, ou par leur nature même, influent singulièrement sur le diagnostic, le pronostic et le traitement de l'affection primitive. Ces angines secondaires peuvent prendre plusieurs formes : le plus souvent, c'est une simple rougeur erythémateuse, plus ou moins précoce, passant spontanément sans éveiller de réaction. Tantôt, ce sont des aphtes, qui, se développant dans la bouche et l'arrière-gorge, donnent lieu à des angines parfois fort douloureuses, mais dont le pronostic n'est pas aussi grave que le voulait Huxham. Ou bien la muqueuse rouge enflammée se recouvre de produits épithéliaux, de fuliginosités analogues à celles qui se forment sur les lèvres, les gencives et le dos de la langue. Fréquemment, on observe une angine pultacée analogue à celle de la scarlatine, complication bien étudiée par Chedevergue[1]. La muqueuse injectée et fortement vascularisée se couvre de petits points blancs qui se multiplient rapidement, couvrant bientôt le pharynx, la langue et la voûte du palais. Cet exsudat pultacé peut envahir l'œsophage, l'estomac, quelquefois aussi le larynx, la trachée et les bronches au point d'amener une broncho-pneumonie

[1] Chedevergne, thèse de Paris, 1864.

pultacée. Mais ces fausses membranes ne sont que des accumulations épithéliales superficielles, faciles à détacher de la muqueuse sous-jacente. Elle laissent à leur suite des ulcérations, qui, vues seulement à cette époque, pourraient en imposer pour une autre affection. Ces membranes n'ont véritablement rien de diphthérique dans le vrai sens du mot. Elles ne sont pas le produit d'une maladie infectieuse, et, inoculées, elles ne reproduiraient pas la diphthérie. Ce sont ces fausses membranes que sans doute Chomel avait en vue, en signalant dans la fièvre typhoïde, comme complication possible « des ulcérations du pharynx semblant liées à la fausse membrane qui les recouvre[1]. » Dans d'autres cas on observe des ulcérations limitées au pharynx ou s'étendant à l'œsophage, à l'épiglotte, au larynx et à la trachée. C'est la lésion la plus ordinaire, comme le fait observer Louis, qui l'a notée huit fois sur quarante-six cas. Souvent cette ulcération reste simple, ou bien elle est accompagnée d'une infiltration de pus dans les tissus sous-jacents (Observ. 19 et 46 de Louis[2]), ou enfin elle se recouvre de fausses membranes. (Obs. de Louis 7, 30, 31[3].)

Dans quelques cas plus rares encore, la fièvre typhoïde offre, du côté du pharynx, des manifestations d'une gravité exceptionnelle. Les phénomènes gastro-intestinaux, les phénomènes pulmonaires, l'albuminurie, l'adynamie et l'élevation de la température ne suffisent plus pour traduire la violence de l'intoxication. L'empoisonnement se manifeste aussi par la présence, dans le pharynx et les voies respiratoires, de fausses membranes, qui, accusant encore les altérations profondes de l'organisme, viennent ajouter, s'il est possible, à la gravité du pronostic. L'angine pseudo-membraneuse est une complication peu fréquente,

[1] Chomel, 1834. *Clinique*, 1er volume, page 233.
[2] Louis, *Clinique*, tome I, page 162.
[3] — — tome II, page 112.

mais possible, de la fièvre typhoïde, et les auteurs qui la signalent ne nous en fournissent que très-peu d'exemples.

[1] Louis paraît être le premier auteur qui, dans la fièvre typhoïde, ait indiqué cette complication. Il en donne trois observations. Dans la première observation, le sujet est mort au 28e jour de la fièvre et à l'autopsie on trouve des fausses membranes dans le pharynx et le larynx, « faciles » à enlever, minces comme l'épiderme, d'une consistance » assez forte, eu égard à son épaisseur. L'absence de tout » symptôme caractéristique indique suffisamment, d'ail- » leurs, qu'elle était le produit des derniers jours de » l'existence. »

Dans le deuxième cas (observ. 30), c'est un homme de 18 ans, dont la fièvre typhoïde fut compliquée au 30e jour d'exsudat membraniforme sur le larynx et l'arrière-bouche, et suivie de mort au 36e jour.

Dans le troisième cas (observ. 31), la malade, âgée de 23 ans, fut prise, au 10e jour de sa fièvre, de sécheresse et douleur de gorge, sans dyspnée ; le 16e jour elle devint violette et succomba à une mort aussi rapide qu'inattendue. On trouva, à l'autopsie, des fausses membranes sur le voile du palais, la luette, les piliers du voile, l'épiglotte, le larynx et la trachée, avec des ulcérations sur le pharynx et l'œsophage. Cette complication avait passé inaperçue et n'avait pas été reconnue pendant la vie.

En 1841, Forget[2] en publie deux observations : Dans la première (observ. 39) il paraît confondre l'angine diphthérique avec l'angine pultacée. Dans la deuxième (observ. 40) il s'agit d'un jeune homme de 17 ans qui meurt le 27e jour de la fièvre, et à l'autopsie duquel on trouve des fausses membranes dans le larynx, la trachée et les bronches, fausses membranes dont la présence n'avait pas été diag-

[1] Louis. *Clinique, loca cit.*

[2] Forget. *Entérite folliculeuse,* page 339.

nostiquée pendant la vie. Ces deux observations ne sont qu'une simple constatation du fait et n'ont guère d'intérêt clinique. De plus, nous ferons remarquer que ce sont bien plutôt des cas de laryngo-typhus, que d'angine pseudo-membraneuse. Andral, dans ses cliniques, ne fait pas mention de cas analogues.

Il faut arriver en 1855 pour trouver un travail spécial sur ce sujet[1]. Il y eut, vers cette époque, une épidémie de diphthérie à Paris, et M. Oulmont donne, dans les *Archives de médecine*, la relation d'une épidémie d'angine couenneuse à l'hôpital Saint-Antoine. Dans ce travail, M. Oulmont résume huit cas d'angine diphthérique compliquant, une fois une péritonite tuberculeuse, une fois une double pneumonie, et six fois la fièvre typhoïde. Ce travail fut l'objet d'un rapport de M. Aran, qui y ajouta un septième cas d'angine dans le cours de la fièvre typhoïde. C'est en vain qu'on cherche des faits nouveaux analogues aux précédents, et publiés depuis cette époque. Les thèses de Pératé en 1858, de Forgeot en 1858, d'Hervieux en 1860, de Bricheteau en 1861, n'en font pas mention. Griesinger, Murchison, qui ont écrit sur la fièvre typhoïde, signalent la possibilité de cette complication, mais s'appuient sur les observations de M. Oulmont. Les journaux et les revues périodiques, que nous avons consultés, ne nous ont fourni aucun fait nouveau de ce genre.

Toutefois, en 1880, deux observations de laryngo-typhus ont été publiées par la Société anatomique : l'une due à M. Galliard, interne de M. Hayem ; l'autre à MM. Cornil et Brault. Dans ce dernier cas, l'examen histologique fait par M. Cornil, montre que les fausses membranes développées pendant le cours d'une fièvre typhoïde, auraient une structure identique à celle des fausses membranes de la diphthérie vraie. Nous insistons

[1] *Archives gén. de Médecine :* Mémoire de M. Oulmont, 1856.

sur ce fait, quoique en dehors de notre sujet, parce qu'il corrobore, au poit de vue histologique, les résultats de notre propre observation.

Le fait que nous avons l'honneur de communiquer à la Société Clinique, offre avec ceux qui précèdent, un certain nombre de points communs ; mais nous ferons remarquer que l'angine, diagnostiquée dès les premiers jours de la fièvre, nous offre une évolution clinique que l'on ne retrouve pas dans les observations qui précèdent.

Observation d'angine pseudo-membraneuse au début de la fièvre typhoïde (5e jour). — Phlébite au 19e jour. — Guérison.

L... C..., interne en pharmacie, né à Blois, est âgé de 23 ans. Comme antécédents morbides, nous avons à signaler seulement qu'il aurait eu le croup à l'âge de 8 ou 10 mois, la coqueluche à 2 ans et la rougeole à 8 ans. Il en serait donc à sa deuxième atteinte de diphthérie.

Nous n'avons pu établir nettement la manière dont il a contracté la fièvre typhoïde. Il allait quelquefois à la Pitié, mais sans jamais se trouver en contact avec des malades offrant ce genre d'affection : il n'eut pas non plus à ce moment de rapports avec son neveu et sa sœur, qui, demeurant à Meaux, avaient dans le même temps, la même maladie.

La période prodromique, si longue quelquefois, fut presque nulle, et sauf un certain état de fatigue, L. C.... continua de se livrer à ses occupations, et il fit son service jusqu'à la fin de Janvier.

Le 26 de ce mois, il ressentit une céphalalgie assez intense, des frissons, de la fièvre en même temps qu'une courbature générale. L'appétit était alors nul, la bouche amère, la langue sale et humide, pas de vomissements, pas de ballonnement du ventre ni de gargouillements, pas de diarrhée, et au contraire, une constipation très-marquée. Notons que le malade n'avait pas eu d'épistaxis. — L'intelligence était parfaitement conservée, les yeux étaient brillants, mais le facies blanc livide, comme plombé, dénotant déjà un empoisonnement profond de tout l'organisme.

Du 26 au 30 janvier ces symptômes s'accentuèrent peu à peu et la température fut et resta très-élevée 41° matin 41° 2 soir. Le 30 janvier, notre malade ressentit un peu de sécheresse de la gorge qu'il nous dit même éprouver déjà depuis deux ou trois jours. Sujet à des angines fréquentes et passagères, il n'y attachait aucune importance ; mais le lendemain 1er février, sentant son malaise augmenter, il nous fit voir sa gorge.

1er février. La bouche et la langue sont sèches et couvertes d'un enduit blanc jaunâtre. Des plaques de fausses membranes occupent les piliers antérieurs du voile du palais. Elles sont assez nettement circonscrites surtout à droite, où elles affectent une forme ovalaire et sont de la largeur d'une pièce de 50 cent. environ; elles sont nettement isolées d'autres plaques qui entourent la luette comme d'un capuchon, et d'autres que l'on aperçoit sur la face interne des amygdales, sur les piliers postérieurs et sur la paroi antérieure du pharynx, elles ont cet aspect blanc grisâtre, terne des fausses membranes de la diphthérie maligne et infectieuse.

Elles sont épaisses surtout sur les piliers antérieurs et sur la luette. Leur périphérie paraît moins épaisse que leur partie centrale; elles se terminent insensiblement sur la muqueuse qui les entoure, rouge, injectée et légèrement tuméfiée. — Il n'existe pas de gonflement des parties latérales du cou, pas de tuméfaction ganglionnaire.

La pression du cou derrière la branche montante du

maxillaire inférieur est assez douloureuse. Le malade éprouve une grande sècheresse dans la gorge, de la dysphagie même pour les liquides. Pas de gêne de la respiration ni de la parole.

En même temps que ces symptômes se manifestent du côté de la gorge, la céphalalgie est intense avec vertiges et bourdonnements d'oreilles : l'état général est affaissé, le teint blême, livide, les lèvres et les paupières sont bleuâtres et cyanosés. — La t° R. du matin est de 40° 5, du soir 40° 4. Le pouls régulier et dicrote bat à 78 puls. — Rien à signaler du côté du larynx, du poumon ni du cœur.

Pas de diarrhée ni de vomissements. — Quoique assez abattu par la fièvre et par l'insomnie notre malade conserve cependant le libre exercice de ses facultés et de son intelligence.

M. Quinquaud nous fait faire des badigeonnages au perchlorure de fer, suivis de badigeonnages au jus de citron et de lavages à l'eau de chaux. Dans les 24 heures notre malade absorbe 400 gr. de rhum, 250 gr. de vin de Bagnols, de l'extrait de quinquina, du bouillon et du lait.

Les fausses membranes étaient notablement adhérentes, car il fallut deux badigeonnages successifs au perchlorure de fer, pour les détacher complètement. D'ailleurs elles reparurent le soir, et furent enlevées par un nouveau badigeonnage au citron.

Le 2 février. — Dans la nuit du 1er et le 2 février, notre camarade fut en proie à une agitation extrême avec oppression et dyspnee très-intense par moments. A deux ou trois reprises, la respiration devint irrégulière, embarrassée, le visage bleuâtre et violacé. A chaque fois une inhalation d'oxygène parvint à ramener le calme.

Les fausses membranes, persistent comme la veille, la parole est devenue un peu nasonnée, et le malade mouche à deux reprises un mucus épais, noirâtre et légèrement sanguinolent. En même temps léger gonflementganglionnaire au niveau du cou.

La peau est assez sèche, quelques taches rosées sur le ventre et dans le dos. Gargouillements et douleur dans la fosse iliaque droite. Pas de diarrhée, selles peu abondantes et très-fétides. Pas de délire. Intelligence très-nette. Toutefois le malade devient somnolent avec faiblesses et défaillances passagères.

T. R. du matin, 40°; soir, 40°,6,
Pouls — 90 p. — 102 p.

Urines, 830 gr. fortemement albumineuses.

On continue le traitement de la veille, et, en face d'une hyperthermie aussi persistante, on fait le soir deux lotions vinaigrées.

Le 3 février. – Le malade se sent un peu plus calme, — après avoir eu toutefois un nouvel accès de dyspnée dans la nuit. — Les fausses membranes persistent comme la veille; enlevées par un badigeonnage au jus de citron, elles avaient totalement reparu trois ou quatre heures après, sans avoir augmenté d'épaisseur ni d'étendue; même sécheresse de la gorge avec dysphagie. En même temps, taches rosées sur le ventre, qui est ballonné, et gargouillement dans la fosse iliaque droite; pas de diarrhée. Sibilance dans la poitrine.

La température, qui est à 39°,9 le matin, oscille dans l'après-midi autour de 40°,2 — 39°,8 — 40°,8 — 39°,9.

Le pouls, à 96 le matin, est à 82 le soir, toujours régulier et dicrote.

Les urines restent fortement albumineuses. On continue les toniques, le bagnols, rhum, 250 gr. ; deux lotions vinaigrées et lavement froid phéniqué.

4 février. — Le même état typhoïde persiste : taches rosées avec gargouillements et douleur dans la fosse iliaque droite. Quelques soubresauts des tendons. L'état général paraît meilleur, la peau devient plus humide. Les fausses membranes de la gorge persistent avec le même aspect sans être plus étendues.

Le pouls conserve son caractère et bat à 80 p. La température R. qui, le matin, oscillait entre 39°,3 et 38°,7, remonte à 3 h. 1/2, sans cause apparente, à 41°, pour redescendre le soir à 39°,8.

5 février. — Même état général. Les fausses membranes persistent, l'adynamie s'accentue, le malade est somnolent, mais ayant conservé toujours l'intelligence assez nette de sa situation.

Urines albumineuses.

Pouls, 80 puls.

T. R., 39°,5 matin ; 40° soir.

6 février. — Les fausses membranes ont disparu, toutefois le malade se plaint encore de cuisson au niveau de la gorge. Les plaques ont laissé après elle une surface rouge, luisante, se détachant nettement de la muqueuse voisine, qui paraît tuméfiée et vascularisée. La langue blanche au milieu, est rouge à la pointe et sur les bords, et porte l'empreinte des dents.

L'adynamie est toujours manifeste; les taches rosées persistent; la diarrhée est presque nulle, les selles fort peu abondantes et fétides. Un peu de sibilance dans le poumon droit. Pouls régulier, dicrote 78 puls.

T. R. descendue le matin à 38° est le soir à 39°,4. Les jours suivants, les phénomènes typhoïdes s'amendèrent peu à peu. L'angine pseudo-membraneuse était passée.

10 février. — La gorge offrait encore des plaques rouges rappelant la configuration des fausses membranes. La déglutition était encore douloureuse, et, à droite, on observait un peu de surdité.

T. R., 39°,2 — 39°,4.

Nous ne suivrons pas en détail la fièvre typhoïde, dans son cours ultérieur. Signalons seulement, le 11 février, une douleur épigastrique nettement limitée et fort vive.

Elle disparut au bout de deux jours sans autre accident. Jusqu'au 14 février, la déglutition resta douloureuse et la gorge assez sensible.

14 février. — Phlébite du membre inférieur droit, annoncée par une élévation de température de 39° à 41°. Douleur dans le mollet et le creux poplité, gonflement du membre, cordon veineux dans la saphène, la poplitée et la crurale. Deux jours après, la température redescendit à 38°,5 et la complication suivit son cours ordinaire.

17 mars. — Le malade commence à se lever après 52 jours de maladie.

5 avril. — Il part en convalescence. Il n'y a aucun accident à signaler ; pas de paralysie du voile du palais ; le soir seulement le pied droit offre un très-léger œdème après la marche.

Réflexions. — Nous avons ainsi assisté à l'évolution d'une fièvre typhoïde, qui, en dehors d'une symptomatologie anormale, s'est compliquée vers le 4e ou le 5e jour d'une angine pseudo-membraneuse. Les fausses membranes ont persisté du 4e au 12e jour de la fièvre. Les phénomènes angineux ont duré jusqu'au 17e jour. Enfin, au 19e jour, seconde complication de phlébite. Guérison sans aucun accident consécutif.

Cette observation offre, avec les faits rapportés par M. Oulmont, sur certains points une analogie, sur d'autres une dissemblance que nous allons essayer de faire ressortir.

Comme cet auteur, nous n'avons pu établir les preuves d'une *contagion* directe ni au point de vue de la diphthérie, ni au point de vue de la fièvre typhoïde. Notre camarade n'offre comme cause prédisposante que son âge (23 ans). Peut-être y a-t-il eu aussi l'influence de fatigues physiques ou morales ; mais cette influence n'est pas mieux déterminée ici que chez les malades de M. Oulmont, qui, eux aussi, ont été atteints dans un âge analogue, c. a. d., de 17 à 25 ans.

Le début de la fièvre typhoïde a été jusqu'à un certain point assez remarquable. Elle n'a pas présenté l'ensemble des prodromes qui l'annoncent le plus souvent. L'épistaxis, la cephalalgie, l'insomnie ont manqué presque totalement. La fièvre, précédée d'un frisson violent, continu pendant plusieurs heures, a été le premier phénomène appréciable. Les autres symptômes, la céphalalgie, la courbature, etc., ne sont venus que plus tard compléter le tableau. C'est là une forme de début assez rare et qui vaut la peine d'être notée.

Le début de l'angine pseudo-membraneuse nous a offert aussi certaines particularités. Chez les malades de M. Oulmont, l'angine apparaît au plus tôt le 14e jour (dans sa 2e observ.). Pour les autres, elle se manifeste le 16e 19e, 26e et 27e jour de la fièvre. Dans une observation de Louis, cependant, elle apparut probablement au 10e jour, je dis probablement car elle ne fut pas constatée pendant la vie. — Chez L. C... le début fut beaucoup plus précoce; les fausses membranes furent constatées le 7e jour; mais le malade ressentait déjà des phénomènes du côté de la gorge depuis deux ou trois jours; en sorte que l'on peut faire remonter au 4e ou 5e jour de la fièvre typhoïde, le début réel de l'angine. La complication d'angine pseudo-membraneuse est un fait exceptionnel dans la fièvre typhoïde; elle existe cependant, et elle est signalée par les auteurs comme pouvant se manifester du 2e au 4e septenaire, ou dans la convalescence. Sa présence dans le 1er septenaire est donc un fait plus exceptionnel encore, et il ne nous semble pas exagéré de conclure de l'observation qui précède, que l'angine pseudo-membraneuse peut compliquer la fièvre typhoïde à toutes les périodes; elle est plus fréquente du 14e au 28e jour, mais elle peut se montrer aussi dès le début de la maladie.

Au point de vue symptômatique, notre observation se rapproche des cinq cas cités par Oulmont dans lesquels les malades ont accusé eux-mêmes quelques symptômes du côté de la gorge, sécheresse, dysphagie, etc. Nous n'avons pas observé non plus de tuméfaction ganglionnaire ni d'œdème des parties latérales du cou, ni de bouffissure de la face, symptômes caractéristiques de l'infection diphthérique et que Bretonnéau regardait comme constants. Signalons seulement une surdité passagère à droite et un peu de coryza conemeux qui, chez notre malade, s'est traduit par un mucus épais, noirâtre et sanguinolent, M. Aran signale un fait analogue dans son rapport sur le mémoire de M. Oulmont (1859). Si nous avons observé une propagation, très-légère, il est vrai vers les fosses nasales, nous n'avons pas vu en revanche de propagation vers l'épiglotte, le larynx et la trachée.

L'aspect des fausses membranes a été bien décrit par M. Oulmont : il rappelle d'ailleurs celui des fausses membranes diphthéritiques. Leur forme, leur épaisseur, leur consistance n'offrent ici que peu d'intérêt. Une autre question vient naturellement se poser à l'esprit, bien plus importante, sinon plus facile à résoudre. Quelle est la nature de ces fausses membranes ? Sont-ce véritablement des produits d'une diphthérie infectieuse et contagieuse ou au contraire n'est-ce là qu'un amas épithélial, qu'un exsudat d'une muqueuse plus ou moins enflammée. Dans le doute, on doit toujours, il est vrai, se conduire, en thérapeutique, comme dans le cas le plus grave, et, pour le point qui nous occupe, traiter la fausse membrane comme si elle était de nature diphthéritique. Mais quand ce ne serait qu'au point de vue de la contagion, quand ce ne serait que pour savoir, si, en dehors de l'infection typhique, un malade atteint d'une semblable angine est susceptible d'être pour ceux qui le soignent et qui l'entourent un foyer d'infection diphthérique, la question reste encore intéressante à résoudre.

A ne considérer que le siège des fausses membranes, leur adhérence intime à la muqueuse sous-jacente, leur épaisseur, leur consistance, leur aspect gris terne, leur facile et prompte reproduction après qu'on les a enlevées, leur tendance à se propager aux muqueuses voisines, on serait déjà tenté de les considérer comme le produit de l'empoisonnement diphthérique, quel que soit son degré. Mais c'est là une apparence qui peut se retrouver jusqu'à un certain point dans une angine pultacée intense. Aussi faut-il rechercher autre part que dans l'étude microscopique, les caractères propres à spécifier la nature de ces fausses membranes. Nous avons recueilli quelques unes de ces fausses membranes. M. Quinquaud, qui a bien voulu les examiner, nous a communiqué la note suivante :

« *Examen microscopique.* — Sur des coupes fines de fausses membranes, qui ont durci dans l'alcool puis dans la gomme et l'alcool et colorées ensuite par le picro-carminate, on aperçoit des lames parallèles de fibrine à fibrilles serrées les unes contre les autres ; dans l'intervalle, des fibrilles de fibrine à aspect aréolaire laissant entre elles des espaces remplis par de jeunes cellules lymphatiques, ce sont des mailles de fibrine qui emprisonne de jeunes cellules ; par places la fibrine est granuleuse.

» Par dissociation on voit des cellules épithéliales déformées à angles multiples, très-réfringentes : ce sont les cellules épithéliales dégénérées de Wagner.

» *Culture.*— Nous avons cultivé dans du bouillon de poule et de veau et le mucus pharyngé recouvrant les fausses membranes, et les fragments de fausses membranes. Au milieu d'éléments divers, il était facile de constater un microphyte spécial à spores assez volumineuses, 0,^{mm} 003 et 0,^{mm} 007 à bords réfringents sans mycélium qui n'apparaît que plus tard et par une autre culture, toutefois on y voit là des mycéliums, mais il n'appartiennent pas à cette espèce, ces spores se réunissent en groupe de 2 à 3. La reproduction se fait directement par scissiparité de chacune de ces spores, ou bien par l'intermédiaire du mycélium avec spores reproductrices nouvelles.

» Un jeune coq auquel nous avons fait avaler ces produits cultivés a eu l'arrière gorge tapissée de fausses membranes ; nous ne croyons pas qu'on y puisse voir là une simple coïncidence, néanmoins il sera utile de répéter ces expériences. Ces fausses membranes ont été cultivées par les mêmes procédés que celles du malade et ont donné le développement du même microphyte. »

Arrivant maintenant aux symptômes généraux nous signalerons d'abord la marche de la température, sans nous arrêter toutefois aux oscillations dans une même journée, variant pour ainsi dire d'une heure à l'autre, et sous les causes les plus légères. Elle a atteint son maximum le 5ᵉ jour où elle est arrivée à 41°, 2, constamment au-dessus de 40° le 6ᵉ, 7ᵉ et 8ᵉ jour, avec des rémissions matinales insignifiantes, elle a oscillé autour de ce même chiffre de 40°, le 9ᵉ, 10ᵉ et 11ᵉ jour. — Le 12ᵉ jour de la fièvre en même temps que les fausses membranes disparaissaient de la gorge, la température s'est abaissée à 38°. A partir de ce moment, elle a oscillé autour de 39° jusqu'au 20ᵉ jour où l'apparition de la phlébite a été accusée par une température de 41°. Les deux complications de cette fièvre typhoïde ont donc, pour ainsi dire, traduit leur présence par une ascension très-notable de la température, et de plus, l'hyperthermie s'est maintenue aussi longtemps qu'à duré l'angine.

Pendant toute la durée de la maladie, le pouls est resté régulier, dicrote et sans intermittence. A la période d'hyperthermie il a oscillé entre 80 et 90 pulsat, après s'être élevé une fois seulement à 102 pulsations. Dans la suite, il est resté entre 70 et 80. L'état du pouls est donc resté indépendant de la marche de la température.

En même temps que l'hyperthermie, le malade nous a présenté, au milieu d'une adynamie assez accentuée et un certain état de somnolence, des accès d'oppression et d'étouffement qui se sont manifestés plusieurs fois du 5e au 12e jour, cette oppression et ces étouffements étaient moins la conséquence de lésions pulmonaires que de l'hyperthermie et de l'intoxication profonde de l'économie ; d'ailleurs les phénomènes pulmonaires ont été à peu près nuls.

Durant cette même période, la quantité des urines, notablement diminuée, variait entre 700 et 900 grammes en 24 heures. Elles étaient aussi très-riches en albumine et en chlorures.

Les trois malades observés par Louis sont morts; des six cas cités par M. Oulmont, un seul est arrivé à guérison, tous les autres ont succombé, les uns à une asphyxie croupale, les autres à une sorte d'intoxication. En dépit d'une fièvre typhoïde grave, en dépit d'une angine pseudo membraneuse également dangereuse, en dépit d'une phlébite du membre inférieur droit, toutes manifestations d'un état général profondément infecté, notre collègue a guéri, et n'a déjà plus conservé de sa maladie que le souvenir. Aussi pour être rare cette terminaison n'en est-elle que plus heureuse et console un peu du regret qu'exprimait Aran « de se trouver désarmé en présence de pareils accidents. »

Le diagnostic d'une semblable complication, se présentant, dès le début, sous une double manifestation et avec un aspect inusité, offrait véritablement quelques difficultés. L'angine risquait fort, au début de la fièvre, de passer inaperçue, car aucun phénomène ne trahissait sa présence à l'extérieur, ni œdème, ni tuméfaction ganglionnaire, ni bouffissure de la face. Et cette circonstance que notre camarade était capable encore de nous rendre compte de ses sensations, entre certainement, pour une part, dans le diagnostic de cette complication précoce. A vrai dire ce qui n'était que la complication devint un moment le phénomène dominant, le plus occupant de la maladie. De plus l'absence de prodromes, une constipation persistante pouvait faire douter de l'existence même de la fièvre typhoïde; mais la marche de la température, les taches rosées en petit nombre il est vrai, mais suffisantes, le gargouillement, la douleur dans la fosse Il. droite, vinrent juger la question et rétablir les faits dans leurs rapports respectifs. La phlébite enfin à défaut d'autres faits, en fut une dernière preuve.

Du traitement nous ne dirons qu'un mot : il fut particulièrement énergique. Le Rhum à hautes doses (400, 300, 200 gr. par jour), le Bagnols et les Toniques constituèrent la base du traitement. Les lotions vinaigrées et les lavements froids phéniqués amenèrent certainement des rémissions dans la température. Enfin les inhalations d'oxygène ont paru calmer les accès d'étouffements et de dyspnée. Le traitement local contre les fausses membranes consista en badigeonnages au perchlorure de fer, au citron, suivis de lavages à l'eau de chaux et à l'eau phéniquée. Par ces moyens et aidés par la bonne constitution et l'intelligence de notre malade nous sommes arrivés à un résultat que nous souhaitons à ceux qui se trouveront en face de pareilles difficultés.

5 avril 1881.

Meaux. — Imprimerie DESTOUCHES, rue de la Juiverie, 1.

www.ingramcontent.com/pod-product-compliance
Lightning Source LLC
LaVergne TN
LVHW050515160826
845677LV00003B/1144

* 9 7 8 2 3 2 9 6 3 3 7 6 3 *